Ilham Iqbal

Nouvelle version du protocol TOR

Ilham Ikbal

Nouvelle version du protocol TOR

Éditions universitaires européennes

Impressum / Mentions légales
Bibliografische Information der Deutschen Nationalbibliothek: Die Deutsche Nationalbibliothek verzeichnet diese Publikation in der Deutschen Nationalbibliografie; detaillierte bibliografische Daten sind im Internet über http://dnb.d-nb.de abrufbar.

Information bibliographique publiée par la Deutsche Nationalbibliothek: La Deutsche Nationalbibliothek inscrit cette publication à la Deutsche Nationalbibliografie; des données bibliographiques détaillées sont disponibles sur internet à l'adresse http://dnb.d-nb.de.

Coverbild / Photo de couverture: www.ingimage.com

Verlag / Editeur:
Éditions universitaires européennes
ist ein Imprint der / est une marque déposée de
OmniScriptum GmbH & Co. KG
Heinrich-Böcking-Str. 6-8, 66121 Saarbrücken, Deutschland / Allemagne
Email: info@editions-ue.com

Herstellung: siehe letzte Seite /
Impression: voir la dernière page
ISBN: 978-3-8417-4436-4

TABLE DE MATIERE

INTRODUCTION

L'utilisation des réseaux sociaux s'est répondue de façon très large, il en existe une dizaine plus ou moins connus, utilisés pour des fins personnelles (retrouver ses amis, rester en contact avec ses proches) ou même professionnels (annonce et recherche d'emploi, publicité …).Néanmoins la structure de ces réseaux sociaux se base sur une architecture centralisée.

Cette architecture devient problématique lorsque la question du respect et préservation de la vie privée des utilisateurs d'internet se pose.

Ce livre présente une nouvelle perspective de navigation, permettant de palier au problème de centralisation d'entités détenant les données des internautes. Il s'agit des réseaux d'architecture distribuée.

En outre il s'agit de la mise en place d'une solution permettant de respecter la privacy des données des utilisateurs et leurs anonymats au sein du réseau distribué.

CHAPITRE I

Les Systèmes distribués

I.1. Introduction :

Contrairement aux systèmes centralisés, les systèmes distribués ont la particularité de partager un ensemble de ressources (mémoire, CPU…). Les nœuds d'un système distribué jouent à la fois le rôle du client et du serveur Ainsi il n'existe pas une entité centralisée au niveau de laquelle la donnée est stockée

Dans ce premier chapitre seront présentés les Systèmes pair à pair ainsi que les différentes architectures qui existent.

I.2. Les Systèmes distribués :

Les systèmes pair-à-pair (P2P) sont composés d'un ensemble d'entités qui partagent un ensemble de ressources, et jouent à la fois le rôle de serveur et de client. Chaque nœud peut ainsi télécharger des ressources à partir d'un autre nœud, tout en fournissant des ressources à un troisième nœud.

Ces systèmes permettent une utilisation maximale de la puissance du réseau, une élimination des coûts d'infrastructure, et une exploitation du fort potentiel inactif en bordure de l'Internet. Les pairs du réseau peuvent être de nature hétérogène: Ordinateur, PDA, Téléphone portable. Les réseaux distribués sont aussi dynamique : les pairs peuvent aller et venir.

Une bonne définition de la relation entre un éventuel réseau virtuel « *overlay network* » qui connecte les membres présents dans le système et les mécanismes de routage est requise. Ceci permettra d'assurer une recherche efficace de données, une mise à jour rapide du réseau lors du départ et de l'arrivée d'un membre dans le réseau, la publication en temps réel d'une donnée ainsi que la sécurité et l'anonymat des transactions, pour empêcher le pistage d'une requête.

Les applications dans les systèmes distribués sont de natures différentes, et donc les objectifs sont variés. On trouve : le partage et réduction des coûts entre les différents pairs, la fiabilité (pas d'élément centralisé), l'agrégation des ressources (puissance de calcul, espace de stockage) l'accroissement de l'autonomie du système, le partage des ressources, l'anonymat.

Dans la classification des systèmes informatique, les systèmes Pair à pair appartiennent à la branche des systèmes distribués comme montré dans la figure ci-dessous :

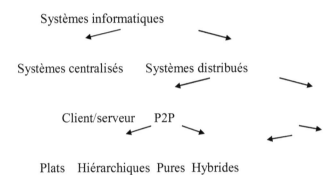

Il existe trois distinctions dans les réseaux pair-à-pair suivant les choix de conception.

La conception touche principalement l'interconnexion entre les nœuds du système, et le mécanisme de recherche au sein de ce réseau. Certains réseaux pair à pair proposent une connexion virtuelle entre les membres du système (réseau virtuel – overlay network), et le mécanisme de recherche au sein de ce réseau.

Les trois modèles se présentent comme suit:

i. *Modèle hybride* :

Systèmes partiellement décentralisés ne disposent pas de réseau virtuel. Des serveurs sont contactés pour obtenir directement l'adresse IP d'un membre disposant de la donnée recherchée. Mais les données restent distribuées sur les pairs et les échanges de données se font directement entre les pairs.

ii. *Modèle pur:*

Systèmes totalement décentralisés, la recherche s'effectue par inondation sur un réseau virtuel non structuré.

iii. *Systèmes reposant sur un réseau virtuel structuré*

correspondant à une table de hachage distribuée (DHT pour *distributed hash* table), sur lequel une stratégie de routage spécifique à la topologie DHT est appliquée.

CHAPITRE II

Projet GOSSPLE

II.1. Introduction :

Le but de ce chapitre est de présenter le contexte général du projet GOSSPLE qui a débuté en 2008. Un projet innovant qui vise à bénéficier de tous les avantages que proposent les systèmes distribués ou dit pair à pair et les mettre au service des utilisateurs pour leur offrir une navigation plus efficace sur internet.

II.2. Le projet Gossple :

Gossple est un projet de recherche dont l'objectif est de fournir une approche innovante et totalement décentralisée pour naviguer dans l'univers de l'information numérique en plaçant les utilisateurs et affinités au cœur du processus de la recherche. La finalité de l'approche GOSSPLE est de mettre en place une nouvelle technique entièrement décentralisée, collaborative et évolutive. Une technique qui permet d'exploiter pleinement les capacités de l'univers numérique. Ainsi, l'idée est de chercher l'information là où elle se trouve en fin de compte: chez l'utilisateur. Comme l'explique l'exemple favori du directeur de projet pour illustrer l'état de l'art des solutions existantes: si l'on considère une famille à Rennes, qui cherche un étudiant qui parle anglais, et qui voudrait échanger des heures de baby-sitting contre un logement. Vu le grand nombre d'étudiant qu'il y a dans la ville, il n'y a pas de doute que cette offre va intéresser plusieurs étudiants. Pourtant, pour ce simple exemple, légèrement inhabituel, trouver la requête adéquate risque d'être difficile voir presque impossible en utilisant les moteurs de recherche actuels. Certes la donnée existe mais il est difficile d'arriver à trouver un lien entre la requête et la réponse (offre et demande). Une solution envisageable, serait de contacter par mail les étudiants qui parlent Anglais dans la ville, pour que cette information soit disponible!

Gossple par contre permet de fournir un système complètement décentralisé, auto-organisé, et capable de découvrir, capturer et renforcer les affinités entre l'utilisateur et l'information.

Complémentaire au moteur de recherche Google, Gossple transforme la requête en un objet dynamique capable de traverser le réseau grâce aux protocoles épidémiques pour trouver la correspondance utilisateur/information. Au cœur de cette procédure réside des superpositions dynamiques basées sur les affinités des utilisateurs, les préférences et les recommandations.

Cela va bien au-delà de découvrir des données indexées. Scientifiquement parlant, pourquoi GOSSPLE constitue-t-il un défi ? La réponse peut se résumer en quatre mots : structure décentralisé, évolutivité, l'adaptation à l'aspect dynamique d'internet et la réactivité. Grâce à l'utilisation de protocole gossip-based ainsi que les réseaux overlay au sein d'un système pair à pair, GOSSPLE ouvre plusieurs perspectives. Il va permettre l'interconnexion entre un million d'utilisateur et/ou objets quel que soit leur situation géographique. La navigation dans le monde numérique qui ne cesse de grandir serait plus efficace.

Grâce à l'auto-organisation GOSSPLE va permettre de capturer les affinités et habitudes des utilisateurs, et proposer des recommandations adéquates. Il fournit aussi des protocoles efficaces permettant de correspondre l'offre et la demande.

CHAPITRE III

Protocoles de dissémination

III.1. Introduction :

Dans le but de maintenir la relation entre les différentes entités du système distribué et faire parvenir l'information à ceux qui y sont intéressés, il est nécessaire d'utiliser des protocoles appelés : protocoles de dissémination. GOSSPLE met en place plusieurs protocoles de dissémination. De ce fait il est indispensable de présenter dans un premier temps les protocoles de dissémination, l'intérêt de les utiliser et leur principe de fonctionnement. Puis on présentera le protocole générique gossip-based mis en place, et qui est la base de tous les protocoles Gossip utilisés par GOSSPLE.

III.2. Protocoles de dissémination :

Les protocoles de dissémination d'information, sont des protocoles dont le but est de faire parvenir un ensemble de données émis à un groupe de participants. Traditionnellement, tous ces services sont fournis par un nombre limité d'entités centrales chargées de transmettre l'intégralité des données.

Il existe principalement trois groupes de protocoles de dissémination qui utilisent différentes méthodes pour atteindre un même but qui est diffusé l'information à un maximum de nœuds.

i.   Tree-based :

Les protocoles les plus simples sont ceux basés sur des arbres. Un protocole Tree-based classique construit un arbre couvrant tous les participants et les données sont transmises de père en fils. Cette architecture présente l'avantage de minimiser le temps de transfert du nœud source vers les nœuds destination, puisque on empreinte toujours le même chemin. Aussi la structure peut aisément être construite afin de s'adapter à la topologie du réseau. Par contre l'inconvénient majeur de cette

15

architecture est qu'elle ne résiste pas aux pannes ; Si un des nœuds tombe en panne, tous les nœuds fils seront inaccessibles

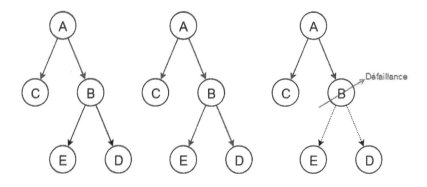

ii.   *Mesh-based* :

Les protocoles basés sur des Mesh construisent des réseaux qui sont beaucoup moins structurés que ceux construits par des protocoles basés sur des arbres. Dans ce type de protocole, chaque nœud est connecté à un certain nombre de voisins, sans qu'il y ait de hiérarchie père-fils. Cette architecture présente l'avantage majeur suivant : les nœuds pouvant récupérer leurs données via plusieurs voisins, les défaillances des nœuds causent moins de pertes que dans le modèles Tree-based. Néanmoins, comme les données arrivant sur un nœud pourraient avoir suivi des chemins très différents, les temps de transfert pour un même nœud peuvent être très irréguliers.

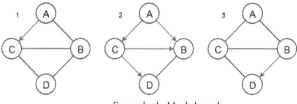

Exemple de Mesh-based

iii. *Gossip-based :*

Les protocoles de Gossip sont assez différents des deux précédents, car ils ne construisent pas de structure rigide pour connecter leurs nœuds. Leur fonctionnement est basé sur des cycles : à chaque cycle, un nœud choisit des voisins de manière aléatoire parmi l'ensemble des nœuds participants puis échange avec eux les données reçues au cycle précédent. On peut les voir comme une forme complètement dynamique de Mesh. Ce type de protocole est quasiment insensible aux défaillances et permet de maintenir un état réel du système. Ainsi dans le cadre du projet Gossple le protocole de dissémination utilisé est un protocole basé sur gossip (*Gossip-based protocol*).

III.3. Protocole générique :

i. *Présentation générale :*

Dans un protocole *Gossip-based,* chaque nœud du système distribué échange les informations dont il dispose avec un sous-ensemble de nœud du système. Le choix du sous- ensemble est crucial par rapport à l'ampleur de la dissémination du protocole gossip. Idéalement tout nœud doit échanger les informations avec un échantillon aléatoire uniforme de tous les nœuds actuellement dans le système.

En pratique, l'application de cette hypothèse demandera de développer des applications qui permettent à chaque nœud de connaitre l'état du système entier. Néanmoins fournir à chaque participant une table complète contenant toutes les relations entre les nœuds du réseau, et d'où serait extrait un échantillon aléatoire, est irréel dans un système dynamique à large échelle. En outre en présence de nœuds qui rejoignent et quittent le système (en cas de défaillance), maintenir une telle table demanderait un coût de synchronisation considérable.

Clairement, un schéma décentralisé qui permettrait de maintenir les informations des relations entre les nœuds est indispensable pour le déploiement d'un protocole *Gossip-based.* Dans ce qui suit nous allons essayer de détailler le service d'échantillonnage de pairs mis en place et comment il est appliqué au Protocol *Gossip-based* utilisé.

Le principe général du service d'échantillonnage des pairs proposé est lui-même basé sur le modèle de gossip. De façon générale, chaque nœud maintient une table de relation locale avec les nœuds qui l'entourent, ce qui constitue pour chaque nœud une vue partielle de l'ensemble du réseau. Périodiquement, chaque nœud actualise sa table en utilisant la procédure de gossip. En effet la Framework mise en place met en avant plusieurs variantes permettant de répondre au maximum au principe de dissémination utilisant des protocoles *Gossip-based.* Ces variantes diffèrent principalement dans la façon avec laquelle la table de relation est mise à jour dans un nœud donné après l'échange des tables dans un cycle gossip.

Plusieurs dimensions sont prises en compte, à savoir la sélection aléatoire des nœuds, la précision de la vue courante de chaque nœud, ainsi que la robustesse par rapport aux échecs d'échange si un ou plusieurs nœuds tombent en panne.

Pour assurer le bon fonctionnement du protocole, la communication entre les nœuds doit être bidirectionnelle. Cette communication doit respecter le modèle push-pull. Puisqu'une communication push-only ou pull-only pourrait conduire à un partitionnement du système si jamais certains nœuds quittent le réseau ou tombent en panne. Des mesures dans le cadre de l'étude des systèmes pair-à-pair indiquent qu'un nœud sur le réseau peut être connecté de façon continue à un autre pair pendant un intervalle de temps limité. Ainsi, et pour lutter contre la défaillance du système, les nœuds doivent périodiquement mettre à jour leurs table, en supprimant les anciennes entrées.

ii. Description du protocole Gossip-based mis en place:

On considère un ensemble de nœuds connectés dans un réseau. Chaque nœud dispose d'une adresse, nécessaire afin de lui envoyer un message. Chaque nœud maintient une table d'appartenance, représentant sa connaissance partielle du réseau global.

La vue partielle est constituée d'une liste de descripteurs de nœuds. Un descripteur contient une adresse comme l'adresse IP et un âge qui représente la durée d'existence de l'entrée dans la table. L'ordre des éléments de la vue partielle ne change que si une méthode spécifique le change de façon explicite. Le protocole assure qu'il n'y ait qu'un seul descripteur pour la même adresse dans chaque vue.

L'objectif de l'algorithme de Gossiping qui s'exécute de façon périodique, est d'assurer que les vues partielles contiennent les descripteurs de sous-ensemble aléatoire de nœuds en perpétuel changement. Aussi faudrait assurer que les vues partielles reflètent la dynamique du système.

Le protocole repose sur deux échanges : un échange actif (client) qui initie la communication avec les autre nœuds et un échange passif (serveur) qui attend et répond à ces requêtes. Puisqu'il ne s'agit pas d'un protocole synchrone, on parlera de *cycles* du protocole.

Le *cycle actif* sera décrit en premier, le *cycle passif* quant à lui, il refait exactement les mêmes étapes. Un échange actif est fait exactement une fois chaque cycle T. Quand un nœud Q décide d'échanger sa vue ; il sélectionne un Peer P avec qui il va échanger sa table d'appartenance Un sous ensemble de la vue du nœud Q composé de descripteurs est mis dans un *buffer*. Le sous ensemble est sélectionné de façon aléatoire, et priorise les entrées les plus récentes en se référant au paramètre âge.

Quand P reçoit la requête ; il crée une nouvelle vue basée sur l'ensemble de nœuds envoyé par Q et y ajoute les éléments de sa vue existante. Le nœud P va ainsi ajouter l'ensemble des nœuds reçus à sa vue, éliminer les entrées dupliquées et ne garde que les entrées les plus récentes en se référant au paramètre *âge* ; tout en s'assurant que le nombre totale des nœuds dans la *vue partielle* ne dépasse pas la taille imposé par un paramètre.

Après avoir enregistré et mis à jour sa vue, P répond Q par un message contenant la vue dont il dispose. Q à son tour crée une nouvelle vue contenant les nouveaux éléments. Ces échanges sont résumés dans la figure ci-dessous :

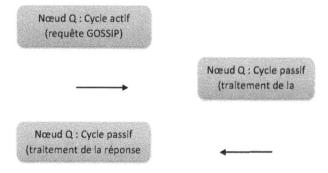

III.4. Conclusion :

Les protocoles de dissémination jouent un rôle très important pour maintenir les relations au sein des réseaux distribués. Les protocoles Gossip-based présentent l'avantage de ne pas imposer une architecture précise pour interconnecter les nœuds

CHAPITRE IV

WhatsUp

IV.1. Introduction:

GOSSPLE est une plateforme générique dont plusieurs applications peuvent découler. Une des applications de GOSSPLE est WhatsUp qui est un réseau social professionnel décentralisé.

IV.2. WhatsUp:

Tout événement dans le monde est susceptible d'être reporté, commenté ou débattue dans le web. En outre on est nombreux à passer plusieurs heures pour chercher des informations en ligne, et généralement les résultats requis sont énormes. Comme les approches des différentes sources d'informations ne filtrent pas suffisamment les données puisqu'elles se basent sur des abonnements explicites, à savoir les RSS, réseaux sociaux...etc. Les systèmes personnalisés de recommandation d'articles qui opèrent d'une façon assez fine et dynamique sont nécessaires dans ce cas de figure et sont de plus en plus utilisés aujourd'hui.

Ainsi, WhatsUp présente une nouvelle approche pour générer des recommandations personnalisées des articles sur internet. Il est conçu pour les réseaux à large échelle et sans aucune autorité centrale. WhatsUp construit un réseau social basé sur l'opinion de l'utilisateur par rapport à des articles qu'il reçoit (*like*, *dislike*).

WhatsUp dissémine les articles à travers un protocole gossip-based hétérogène qui choisit pour cible les nœuds ayant les mêmes centres d'intérêt et amplifie la dissémination en se basant sur le degré d'intérêt pour chaque article. WhatsUp répond à plusieurs alternatives en termes de précision et délivrance des articles tout en préservant les avantages fondamentaux de gossip.

Afin de regrouper les utilisateurs ayant un même centre d'intérêt, WhatsUp repose sur l'approche du collaboratif filtring. Cette approche consiste à reconnaitre les préférences d'un utilisateur afin de lui proposer et recommander un contenu bien ciblé.

Néanmoins, arriver à exploiter automatiquement l'opinion de l'utilisateur, et mettre en place un filtrage collaboratif avec une performance dynamique, serait un travail qui demanderait d'énormes ressources vu la quantité d'article qu'il y a sur le web.

Le but du projet WhatsUp, est de mettre en place le premier système décentralisé de recommandation d'articles. Les opérations de WhatsUp sont entièrement guidées par l'opinion de l'utilisateur par rapport aux articles qu'ils reçoivent. WhatsUp se base sur un filtrage collaboratif "user-based" sans que l'utilisateur ait à révéler son identité exacte. Il regroupe les utilisateurs ayant les mêmes préférences en se basant sur une métrique qui reflète les intérêts croissants d'un utilisateur. La similarité entre les utilisateurs est calculée via une métrique qui reflète l'intérêt émergent en tenant compte du temps d'expression de l'intérêt.

Les profils exacts des utilisateurs sont cachés en utilisant une technique de bouillage qui consiste à injecter un bruit extrait des articles vis à vis lesquels le nœud exprime son intérêt. Ceci permettra d'empêcher les attaquants de déterminer l'identité exacte de l'utilisateur ayant exprimé son intérêt par rapport à un article publié. Aussi ceci va contrer toute tentative d'empêcher un nœud de recevoir ou générer un news.

IV.2.1. Design :

WhatsUp consiste en une simple interface utilisateur et deux protocoles distribués : WUP et BEEP, comme montré dans la figure ci-dessous.

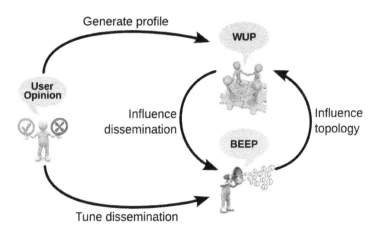

Fig. interaction des composantes de WhatsUp

L'interface utilisateur capture les opinions de l'utilisateur par rapport aux articles qu'il reçoit à travers un simple bouton *like/dislike*. L'axiome qui caractérise WhatsUp est que les utilisateurs ayant exprimé leur intérêt par rapport à un article sont susceptible d'aimer les mêmes items/articles dans le futur. Le profil de l'utilisateur traduit la notion de centre d'intérêt par un vecteur qui associe les articles et l'opinion de l'utilisateur. Il constitue l'information fondamentale pour le fonctionnement des deux composantes de WhatsUp : BEEP et WUP.

      i.   *WUP :*

Maintient un réseau social dynamique de la forme d'un graphe qui relie les nœuds ayant les mêmes centres d'intérêt. WUP, échantillonne périodiquement le réseau, en disséminant les profils et connecte ainsi les utilisateurs. Il tient compte à la fois de la similarité et de l'aspect aléatoire en vue d'assurer l'exhaustivité et la précision. Les utilisateurs n'échangent pas leurs profils exacts dits (*private profiles*), ils créent un *item profile*. L'*item profile* est constitué de la combinaison de l'ensemble des articles que le nœud en question a reçu et pour lesquels il a exprimé son intérêt, et l'ensemble des profils publiques de ses voisins afin de cacher l'identité de tous les nœuds par qui l'article est passé. Tous les nœuds disposent aussi de profils publics contenant l'ensemble d'information qu'un nœud désir rendre publique. L'utilisation de ces différents types de profiles notamment l'*item profile* permettent de garantir un certain degré d'anonymat au sein du réseau social. WUP combine deux protocoles basés sur le principe de gossip :

RPS (random-peer-sampling)

Représente la couche basse du protocole WUP. Il permet d'assurer la connectivité entre les différents nœuds. RPS construit et maintient une topologie aléatoire en perpétuel changement.

Clustring protocole

Représente la couche haute du protocole. Il crée un réseau virtuel contenant les nœuds présentant un maximum de similarité en se basant sur la couche basse RPS. Grâce à ces deux protocoles les utilisateurs de WhatsUp arrivent à construire leurs réseaux sociaux implicites WUP. Un mécanisme de brouillage est mis en place afin de compléter ces deux protocoles.

ii.   BEEP :

Une fois le réseau social est établi, grâce à WUP, il faudra mettre en place un protocole de dissémination afin de dispatcher les articles aux autres nœuds. Dans WhatsUp la dissémination se fait en utilisant le protocole BEEP (Based epidemic protocole). Quand un utilisateur « aime » un article, le protocole BEEP la dissémine sur une partie de la topologie du réseau social construit par WUP. BEEP donne aussi la possibilité aux articles d'atteindre d'autres parties du réseau hors celles construite par WUP pour le nœud en question. Le processus de dissémination génère une vague de mise à jour des profils, ce qui impacte directement la topologie réseaux faite par WUP. Contrairement aux protocoles gossip classiques, BEEP à pour but de dispatcher l'information à tous les nœuds du système. BEEP vise un sous ensemble spécifique d'utilisateurs déterminés de façon dynamique pour chaque article.

La dissémination de l'information par BEEP se base sur deux mécanismes: l'orientation et l'amplification. Quand un utilisateur exprime son intérêt par rapport à un article « *like* », il sera amplifié avec un facteur k, et la dissémination va se faire au niveau de la couche supérieur de WUP. Par contre quand l'utilisateur n'est pas intéressé par l'article « *dislike* », il sera amplifié avec un facteur k'<k. l'article est ainsi disséminé à certains nœuds au niveau de la couche inférieur de WUP. Ceci donne la possibilité à d'autres utilisateurs susceptibles d'être intéressés par cet article de le recevoir.

La figure ci-dessous montre comment l'article est disséminé dans le cas où

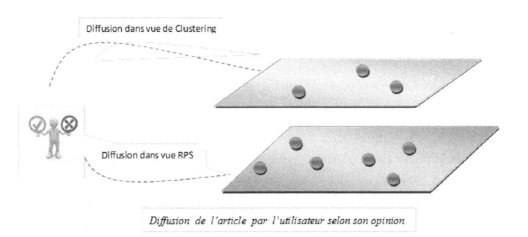

Diffusion dans vue de Clustering

Diffusion dans vue RPS

Diffusion de l'article par l'utilisateur selon son opinion

IV.3. Conclusion :

WhatsUp propose aux utilisateurs les articles qui sont susceptibles de les intéresser et construit automatiquement un réseau social dynamique. Les relations avec les nœuds changent à chaque fois l'utilisateur change de centre d'intérêt. Le deuxième aspect que WhatsUp traité est le respect la vie privée des utilisateurs. Le but est de proposer un modèle qui permet l'anonymat des informations relatives aux utilisateurs. C'est la question que nous allons aborder en détail dans le chapitre suivant.

CHAPITRE V

Protocole TOR

V.1. Introduction :

Certes WhatsUp permet de mettre en place un réseau social distribué capable de faire des recommandations aux utilisateurs par rapport à leurs centres d'intérêt. Néanmoins le problème d'anonymat des utilisateurs n'est pas complètement résolu. Jusqu'à présent il est facile de faire le lien entre l'article diffusé et l'utilisateur qui en est la source.

Concrètement il s'agit de la mise en place une nouvelle couche de cryptage qui va compléter la librairie WhatsUp il s'agit d'une nouvelle version du protocole TOR.

V.2. Protocole TOR :

The Onion Router (le routage en oignon) ou TOR, désigne un réseau informatique décentralisé permettant l'anonymat de ses utilisateurs sur Internet.

C'est un réseau mondial décentralisé de routeurs dont la tâche est de transmettre de manière anonyme des paquets TCP (Protocole de contrôle de transmissions). C'est ainsi que tout échange Internet basé sur TCP peut être rendu anonyme en utilisant TOR.

Le but de ce projet est de mettre en place une nouvelle version de ce protocole et qui sera utilisée au sein du projet WhatsUp.

V.2.1 La nouvelle Version TOR :

Cette nouvelle version de TOR apporte de nouvelles fonctionnalités par rapport aux solutions existantes. D'une part, comparée au protocole TOR de base, la nouvelle version assure l'anonymat de l'identité sur les réseaux pair-à-pair. En d'autres termes elle permet de répondre à la spécification de WhatsUp qui est l'utilisation des protocoles Gossip tout en tenant compte de l'anonymat des utilisateurs.

V.2.2. Fonctionnement de la nouvelle version TOR :

Quand un nouveau nœud rejoint le réseau distribué, les nœuds qui y sont déjà doivent en être informés. De son côté, le nouveau nœud devra construire une vue partielle du système contenant une partie des nœuds qui l'entoure.

Le Bootstrap, est une entité qui contient l'ensemble des nœuds présent sur le réseau distribué. A chaque fois qu'un nœud rejoint le réseau, il contacte le Bootstrap, et reçoit un sous-ensemble de nœud aléatoire qui lui sert pour construire sa vue. Il est à noter que le Bootsrap choisit à chaque fois un ensemble de nœud aléatoire pour éviter que le système ne soit divisé.

A partir de la vue reçue, chaque nœud commence par créer son chemin secret ou ce que l'on appelle une *TOR Chaine*. Ci-dessous le détail des étapes de création de la *TOR Chaine* ainsi que la construction du message.

i.   *Création de la TOR chaine ou chemin secret :*

Concrètement sur le système distribué, quand un nœud démarre il contacte le Bootstrap pour récupérer une vue contenant un ensemble de nœuds qui tournent. Cette vue est stockée dans la vue Drps en référence au protocole

Drps qui est gossip-based.

Le protocole Drps permet aux nœuds d'échanger leurs vues, chaque nœud ou *Peer* dispose d'une variable *CHAINKEY* contenant sa clé publique. Quand deux nœuds échangent leurs vues ils s'échangent aussi leurs attributs CHAINKEY.

Pour créer sa chaine, le nœud *(Peer)* commence par sélectionner les nœuds qui constitueront sa chaine comme décrit ci-après :

a. Sélection des nœuds

Le nœud sélectionne un ensemble de pairs depuis sa vue *Drps*. Commence par vérifier s'il a enregistré leurs *CHAINKEY*. Si un des nœuds ne dispose pas de la *CHAINKEY* il est supprimé de la vue *Drps*. Le nombre de nœuds constituant la chaine est limité par le paramètre MaxTorHops,

b. Choix du Proxy

Le proxy est l'élément le plus important de la chaine. Il est le premier nœud choisi de la chaine. Le proxy sert à identifier le nœud source sur le réseau distribué. Ce nœud est choisi de façon aléatoire, une fois désigné, le proxy se crée un identifiant appelé *TorNodeID*, à partir de l'attribut *CircuitID*.

Le *CircuitID* est l'identifiant du lien entre deux nœuds du réseau distribué constituant une chaine.

C'est grâce à l'attribut TorNodeID le proxy peut récupérer la clé du nœud source en contactant le proxy.

c. Création de la chaine

Une fois le Proxy est identifié, le nœud commence à créer un message spécifique pour créer sa chaine nommé *CreateChainMessage*. Ce message est constitué de plusieurs parties : Chaque partie est spécifique à un des nœuds constituant la chaine, commençant bien évidement par le proxy qui reste l'élément clé de la chaine.

Il commence par attribuer une clé secrète au proxy et la concatène avec le couplet <adresseIP,Clé publique> du nœud le précédent et le suivant dans la chaine cette première partie du message *CreateChainMessage* est crypté par la clé publique du Proxy.

La particularité du message envoyé au proxy est que la valeur du nœud suivant est *null* Les autres parties spécifiques aux différents nœuds de la chaine qui se situent entre le proxy et le nœud source sont constituées de la même façon : Pour chaque nœud de la chaine, le message *CreateChainMessage* construit est constitué d'une clé secrète et des deux couplets <adresseIP, clé publique> du nœud le précédent et le suivant dans la chaine, le tout est crypté avec la clé publique du nœud en question à chaque itération. Le résultat final est aussi est mis dans un message du type *CreateChainMessage*.

La création de la chaine est illustrée ci-dessous :

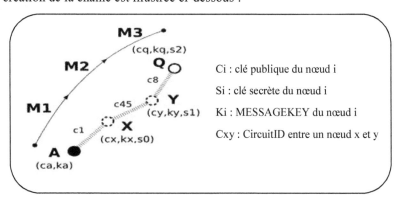

Acheminement du message de création de la chaine

Le message M1 résultant (par rapport à la figure d'avant) se présente comme suit :

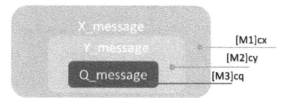

Structure du message « CreateChaine » au départ de A

A la réception, chaque nœud qui fera partie de la chaine, lorsqu'il reçoit le message de construction de chaine *CreateChainMessage*, le décrypte via sa clé privée, extrait les informations lui indiquant ses nœuds voisins, les ajoute dans sa table de routage, vérifie s'il est le proxy (nœud suivant = null), sinon il envoie le contenue au nœud suivant jusqu'à ce que le message arrive au proxy. De cette manière chaque nœud de la chaine n'a connaissance que du nœud qui le précède et celui qui vient après ; seule le nœud source connait tous les éléments de la chaine.

ii.   *Envoi de message entre deux nœuds :*

Une fois la chaine créée, le nœud va pouvoir commencer à communiquer avec les nœuds du réseau distribué qui à leur tour ont chacun construit sa propre chaine et a identifié son proxy.

Quand un nœud A veux échanger une donnée avec un nœud B il suit les étapes suivantes :

a. Construction de la structure oignon :

Quand un nœud A choisi d'envoyer un message à une destination B, il a deux cas de figure : soit il va procéder à l'initialisation ou il appliquera directement le processus TOR.

L'initialisation :

Ce cas de figure est appliqué lorsque le nœud source A ne connais pas le proxy de B, ceci dit que A communique pour la première fois avec le nœud B. Dans ce cas de figure, le message sera envoyé directement à B sans passer par la chaine de B.

A va encrypter son message avec la clé publique de B qu'il récupère depuis la variable CHAINKEY. Ensuite en parcourant la liste des nœuds de sa chaine il chiffre successivement le message avec les clés publiques des nœuds de sa chaine. A chaque itération il ajoute un entête déterminant le type du message. A la dernière itération le message résultant a bien une structure oignon comme celle décrite dans la phase de création de la chaine.

Processus TOR :

Ce cas de figure, qui est le processus normal, est appliqué lorsque le nœud source A connait le proxy du nœud de la destination. Ainsi grâce au message *PRPSPeerData* il va pouvoir récupérer l'adresse du proxy de la destination mais aussi la clé publique de la destination finale grâce à la clé.

Le message à transmettre cette fois-ci au proxy, est tout d'abord crypté avec la clé publique de la destination, puis en parcourant la liste des nœuds de sa chaine, le nœud récupère les clés publiques qui serviront à chiffrer le message à chaque itération. Le message construit à chaque itération est un message du type *OnionedTorGossip.* Un message *OnionedTorGossip* contient le message encrypté et la valeur du prochain saut.

b. Transmission du message :

Le message construit dans le cas de l'Initialisation ou du processus Tor, parcoure l'ensemble des nœuds de la chaine. A chaque fois un nœud reçoit le message, il le décrypte enlève une couche de l'oignon lit l'adresse du prochain saut mise dans le message et le transmet au nœud d'après. Quand le message arrive au proxy de la source deux possibilités existent selon le traitement fait par la source.

Si la source a envoyé un message d'initialisation, le message sera directement transmis à la source finale puisque le prochain saut inscrit dans le message serait la destination finale. Quand B reçoit le message, il sera décrypté avec sa clé publique. B lit le message et en même temps enregistre dans sa table la correspondance <@IP, TorNodeID> qui lui informe qu'il a reçu le message depuis un proxy. De cette façon quand B aura un message à envoyer à A c'est par son proxy qu'il passera. Si la source a envoyé un message suivant le processus TOR, c'est l'adresse du proxy de la destination qui va figurer dans le message, Par ailleurs le message est transmis au Proxy.

Dans ce cas le message passera par la chaine de réception. Le traitement sur cette chaine de réception est plutôt différent. Chaque nœud de la chaine de réception, en commençant par le Proxy-destination, va encrypter le message avec la clé secrète qui lui a été distribuée lors de la création de la chaine, concatène le message avec l'id du prochain Circuit ce qui construit un nouveau type de message nommé *IntermediateTorGossip*. Le résultat est chiffré avec la clé publique du prochain saut. L'opération est réitérée jusqu'à arriver à la destination finale.

Le choix d'encrypter le message avec la clé publique du prochain saut évite qu'une partie tierce qui écoute le réseau ne puisse reconstruire le chemin et par ailleurs connaître le destinataire du message.

L'intérêt d'insérer l'id du circuit dans le message, est de permettre à chaque nœud intermédiaire de connaitre le saut qui le précède.

A la réception le message a de nouveau une structure oignon construite par la succession des couches de chiffrement faites par les nœuds intermédiaires. La destination, comme elle détient l'ensemble des clés secrètes des nœuds intermédiaires, va pouvoir déchiffrer l'ensemble des couches et par ailleurs récupérer le message envoyé par A.

Ci-dessous une description de l'acheminement du message entre A et B

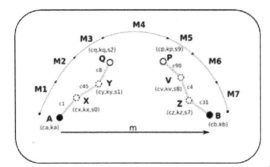

Ci : clé publique du nœud i

Si : clé secrète du nœud i

Ki : MESSAGEKEY du nœud i

Cxy : CircuitID entre un nœud x et y

Acheminement d'un message TOR

Si l'on considère que fwd_chain1 est le message *OnionedTorGossip* est le message fwd_chain2 est *IntermediateTorGossip*, la construction des différents messages acheminés est comme suit :

$$M1 = cx(fwd\_chain1(M2, c1, null, null))$$

$$M2 = cy(fwd\_chain1(M3, c45, null, null))$$

$$M3 = cq(fwd\_chain1(kb(m), c90, P, cp))$$

$$M4 = cp(fwd\_chain2(kb(m), c90))$$

$$M4 = cp(fwd\_chain2(s9(kb(m), c90))$$

$$M5 = cv(fwd\_chain2(s8(s9(kb(m))), c4))$$

$$M6 = cz(fwd\_chain2(s7\ s8(s9(kb(m)))), c31))$$

V.3.Conclusion

Le protocole TOR est une meilleure solution pour garantir l'anonymat de l'identité de l'utilisateur au sein d'un réseau pair-a-pair. Cette nouvelle version offre la possibilité de travailler avec des protocoles de gossip.

CHAPITRE VI

Tests Sur PlanetLab

VI.1. Introduction :

Dans le but de tester les fonctionnalités du protocole TOR et simuler les différents cas de figure traités auparavant, il était nécessaire de le tester sur un réseau large échelle.

Ce test a permis d'une part la mise en place d'une simulation réelle, mais aussi de mesurer certaines caractéristiques pour déduire quant à l'utilisabilité du protocole. Ce chapitre introduit le réseau dans lequel la simulation a été réalisée, ainsi que les résultats obtenus après simulation.

VI.2. PlanetLab :

PlanetLab est une plateforme d'essais pour de la recherche orientée réseau et systèmes distribués, constituée d'un réseau d'ordinateur dispatchés sur les cinq continents. Il a été créé en 2002, et comportait 913 nœuds en août 2008, répartis à travers le monde entier sur 460 sites. Chaque projet de recherche se voit attribuer une "slice" (tranche), c'est-à-dire un accès virtuel à une partie des nœuds du réseau. L'accès au réseau est restreint aux personnes affiliées aux entreprises ou établissements accueillant des nœuds. Néanmoins quelques services gratuits et publics ont été déployés sur PlanetLab, entre autres Codeen, le réseau de distribution Coral, et OpenDHT.

La répartition des nœuds à travers e monde se présente comme suit :

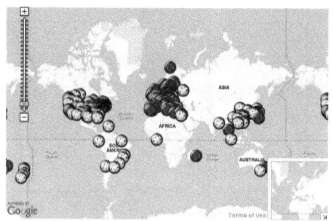

Répartition dans le monde des nœuds de PlanetLab

Avant d'effectuer des tests sur PlanetLab, il est indispensable de créer ce qu'on appelle un *Slice*. C'est un ensemble de ressources distribuées qui nous seront allouées à travers PLanetLab. Le code source de l'application est dispatché sur toutes les machines via un script shell qui ouvre une connexion ssh vers les différents nœuds avant de déployer le code.

Une fois les nœuds reçoivent le code la simulation peut être lancée via un deuxième script depuis la machine locale.

Le test est d'une durée limitée afin de pouvoir interpréter les résultats. Pour ce faire un « Bootstrap » a été mis en place, pour fournir aux nœuds d'une part une première vue partielle sur le système et d'autre part, et orchestrer d'autre part le début et la fin de la simulation.

Les échanges entre les nœuds et le Bootstrap se font comme montré dans la figure ci-dessous :

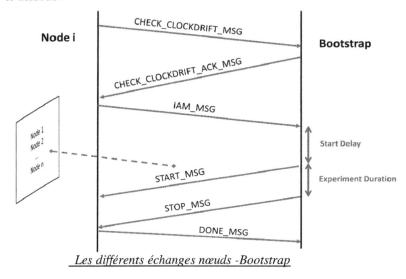

Les différents échanges nœuds -Bootstrap

A son démarrage le Bootstrap se met en écoute et attend que les requêtes arrivent des différents nœuds. Chaque nœud initie la communication avec le Bootstrap par un message « *CHECK_CLOCKDRIFT* » afin de vérifier son horloge par rapport à celle du Bootstrap. Ce dernier répond par un message d'acquittement, *CHECH_CLOCKDRIFT_ACK*.

Les nœuds procèdent ensuite à l'envoi du message *IAM* pour informer le Bootstrap qu'ils sont toujours en marche et attendent le début de l'expérience. Le Bootstrap attend pendant la durée « Start Delay » après réception du message IAM avant d'envoyer le message de début de l'expérience via le signal *START_MESSAGE*. Une fois le délai Start Delay expiré, le Bootstrap envoi le message Start à tous les nœuds ayant répondu. Ce message contient la liste des nœuds qui sont présents, ce qui permettra à chaque nœud d'avoir une vue initiale, partielle du système. C'est avec cette vue que chaque nœud va échanger les différents messages nécessaires pour le bon fonctionnement de WhatsUp et dans notre cas aux utilisateurs TOR.

VI.3.Résultats des tests :

Evaluer les variantes de la solution qu'elles soient en rapport avec le protocole lui- même ou avec le fonctionnement général dans le monde numérique, est nécessaire pour décider de la possibilité de son intégration. Afin de s'approcher le plus possible d'une utilisation réelle, les tests ont été fait sur à peu près 400 nœuds.

i.   *Evaluation du temps de création de la Chaine*

La durée de création de la chaine comprend l'intervalle de temps entre le début de la construction du message par le nœud source, et la réception de ce message par le dernier nœud de la chaine : le proxy. Comme le montre les résultats sur la figure ci-dessous, ce temps est proportionnel au nombre de nœuds constituant la chaine. Plus le nombre de saut est grand plus le temps que prennent les nœuds pour créer la chaine devient plus important. Idéalement avec deux sauts dans la chaine le temps de créer la chaine est autour de 3 secondes ; au-delà de cette valeur le temps devient de plus en plus important.

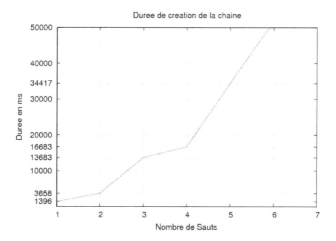

ii. *Temps de calcul au niveau des nœuds :*

Lors d'une communication TOR, les nœuds effectuent plusieurs opérations de chiffrement et de déchiffrement. Le fait d'être dans un réseau pair à pair induit à ce que les nœuds puissent appartenir à plusieurs chaines à la fois. C'est de là qu'il est essentiel d'évaluer le temps total que passent les nœuds à encrypter et décrypter en fonction du nombre de chaines auxquels ils appartiennent.

Le choix d'une représentation sous forme de distribution vient du fait que les nœuds n'ont pas les mêmes capacités de calcul pour des considérations de matériels.

Les résultats de la simulation montrent bien évidement que plus le nombre de chaines auxquels un nœud est grand plus le temps de calcule devient important. Sur une communication de 15 mins, et en appartenant à trois chaines en plus de sa chaine la majorité des nœuds passent à peu près 20 secondes de calcul, une valeur qui reste assez faible.

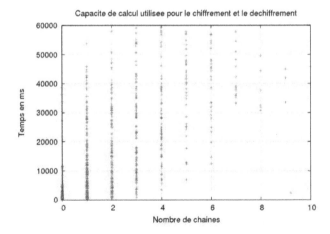

iii. *Evaluation de la bande passante :*

Pour un protocole comme TOR il est nécessaire d'évaluer la bande passante totale utilisée à l'issu d'une expérience. Comme le protocole offre la possibilité de communiquer en utilisant les deux protocoles TCP et UDP il était nécessaire d'évaluer la bande passante dans les deux cas pour voir lequel des deux protocoles est le mieux à utiliser

Les figures ci-après représentent les résultats obtenus lors de cette expérience.

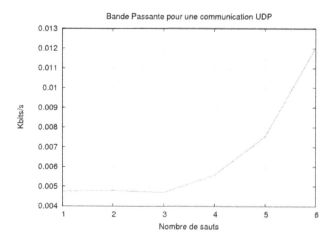

La bande passante consommée pour un échange en TOR augmente proportionnellement au nombre de sauts de la chaine. Néanmoins les valeurs restent négligeables puisque avec une chaine de 6 sauts la consommation s'élève à 12bits/s ce qui est relativement faible.

Il est à noter que la taille du message transmis n'est pas très importante.

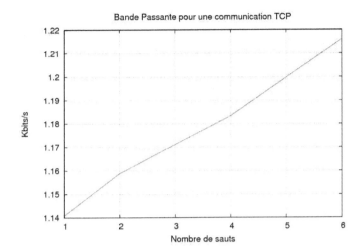

Pour une communication TCP les valeurs bien plus importantes. Ceci s'explique par la nature du protocole TCP qui est un protocole connecté.

iv.   La latence d'une communication TOR :

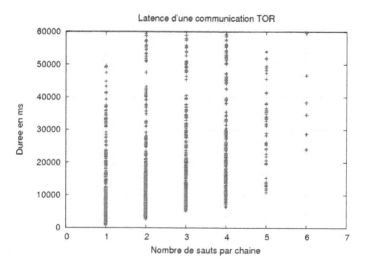

L'évaluation du temps que prend une communication TOR de bout en bout sert à évaluer la fiabilité du protocole mais aussi fixer les contraintes permettant d'avoir un meilleurs temps de réponse.

Le résultat de l'expérience représente le temps que prend une communication TOR pour aller de la source jusqu'à la destination, par rapport au nombre de sauts par chaine. Il est à noter que le nombre de sauts dans la chaine d'émission et de réception sont égaux.

Le temps est relativement faible pour un chemin total de six sauts (trois sauts par chaine). Par contre quand le nombre de saut augmente le délai devient beaucoup plus important et atteint 35s en moyenne

VI.4. Conclusion :

Les tests sur PlanetLab ont permis de tester dans un premier temps l'utilisation du protocole TOR. Et déduire de la combinaison idéale de paramètres pour une meilleure utilisation du protocole au sein de l'architecture de WahtsUp.

Par ailleurs, il est nécessaire de fixer la taille maximale de la chaine Tor, idéalement à trois sauts par chaine pour optimiser le temps de réponse.

Aussi, et pour optimiser le temps de calcul au niveau des nœuds qui est assez important, vue que le protocole impose des successions de chiffrements et de déchiffrement. Il est nécessaire de fixer le nombre de chaines auxquelles appartient le nœud

Enfin, les réseaux distribués ont plusieurs avantages dont la suppression d'une entité centrale détenant l'ensemble ou une grande partie des données. Ils offrent une nouvelle perspective de navigation dans le monde d'internet.

Garantir l'anonymat des données des utilisateurs ajoute une couche supplémentaire de sécurité des données, néanmoins renforcer la sécurité et l'anonymat n'exclut pas une relative dégradation des performances. Tout est question de priorité et choix de l'utilisateur.

www.ingramcontent.com/pod-product-compliance
Lightning Source LLC
LaVergne TN
LVHW042352060326
832902LV00006B/547